DER KLEINE FLOH 2

HALLO UND WILLKOMMEN IN UNSEREM ZWEITEN KINDERKOCHBUCH!

Gutes Essen für Kinder hat immer mit Entdecken zu tun, davon bin ich überzeugt. Mit Lust auf neue Farben, neue Aromen, neue Geschmäcker, neue Zutaten, neue Rezepte. Kinder können lernen, mit Genuss und Freude zu essen – und zwar gesunde Dinge zu essen, die ihnen dabei helfen, schlau, groß und stark zu werden.
Das ist die Grundidee hinter diesem zweiten „Kleinen Floh"-Buch. Es enthält jene Rezepte, die meinem Sohn Josef Ignaz in seinem zweiten Lebensjahr am besten geschmeckt haben. Sie sind vor allem als Inspiration für Sie gemeint – für die Eltern, Tanten, Onkel, Großeltern –, mit Ihren Kindern kleine kulinarische Entdeckungsreisen zu unternehmen.

Apropos Reisen: Weil ich als Koch, und wir als Familie, nach der Philosophie „Radius 66" leben, enthält dieses Buch Rezepte, die man mit saisonalen Zutaten aus der Gegend zubereitet. (Wie ja schon der erste Band „Der kleine Floh – Rezepte für Kinder von 0 bis 1".) Weil wir davon überzeugt sind, dass uns die Natur auf geniale Weise ganzjährig mit allem versorgt, was wir brauchen.
Abwandeln können Sie die Rezepte natürlich dennoch – ich habe darauf geschaut, dass das gerade bei Zutaten wie zum Beispiel Milch, Zucker oder Getreide leicht möglich ist.

Viel Spaß beim Nachkochen und gute Reise!

der Floh

VIELFALT.
WAS HEISST DAS IM ALLTAG AM FAMILIENTISCH?

Für uns bedeutet Vielfalt vor allem, Lebensmittel dann zu essen, wenn es die Natur vorgesehen hat. Und nicht nur orange Karotten zu essen, sondern auch violette, weiße, gelbe. Verbeulte riesige rote und kirschkerngroße gelbe Paradeiser. Rohes und Gekochtes, Gebratenes und Gedünstetes, Gegrilltes, Gebackenes, Geschmortes. Saures, Bitteres, Salziges, Süßes.
Vielfalt, davon bin ich überzeugt, ist nicht nur eine Frage des Genusses, der Lebensfreude und der Gesundheit, sondern auch unserer Kultur. Für meine Frau Elisabeth und mich heißt das im Alltag, unseren Kindern Luisa Viola und Josef Ignaz so oft wie möglich neue Lebensmittel vorzustellen. Es ist ein wunderbares Abenteuer, Kinder Neues probieren zu lassen, entdecken zu lassen – und es funktioniert. Denn Geschmack verändert sich, entwickelt sich, und diese Entwicklung berücksichtigen wir in der Erziehung unserer Kinder ganz bewusst. (Haben Sie übrigens gewusst, dass man Dinge bis zu 15 Mal probieren muss, bis sie einem wirklich schmecken?)

Probieren Sie's aus. Haben Sie Geduld mit Ihren Kleinen – und Geduld mit sich selbst. Sie werden sehen, es funktioniert!

4 ZUTATEN, DIE KINDER GERNE ENTDECKEN

WALDSTAUDEKORN

Ich liebe diese alte kleinkörnige Roggensorte. Am besten schmeckt sie als Getreidereis. Waldstaudekorn ist ganz leicht bitter und enthält – im Gegensatz zu überzüchteten Getreidearten aus dem Supermarkt – viele B-Vitamine. Mein Waldstaudekorn-Rezept mit Ziegenkäse und Mangold: Seite 48.

LEINÖL & KRÄUTERSALZ

Ich will die Geschmacksknospen meiner Kinder nicht in Salz ersticken. Darum verwende ich zum Würzen selbstgemachtes Kräutersalz. Durch die getrockneten Kräuter lernen Kinder noch viel mehr Geschmäcker als einfach nur salzig kennen. Dazu Brot und Leinöl, eine von Josef Ignaz' liebsten Nachmittagsjausen.

SAIBLING

Der Lieblings-Fisch unserer Kinder, denn er schmeckt angenehm mild. Saibling aus heimischen Gewässern enthält viele wertvolle ungesättigte Fettsäuren – darunter auch Omega 3, das Kinder für eine gute Entwicklung des Gehirns dringend brauchen. Mein Saibling-Rezept: Seite 18.

ELSBEEREN

Unreif hinterlassen die enthaltenen Tannine ein pelziges Gefühl auf der Zunge. Sind die Elsbeeren aber reif oder gekocht, schmecken sie toll. Ganz leicht säuerlich nach Mandeln oder Marzipan. Unsere Kinder lieben die Vitamin-C-Bomben getrocknet, dann sind sie süßer. Und der Hit sind sie im Cookie-Teig, siehe Seite 74.

FRÜHLING

SOMMER

HERBST

WINTER

FRÜHLING

schmeckt mit lustig geformtem Gemüse noch besser

REGENBOGEN-GEMÜSESUPPE

2 ERWACHSENE & 2 KINDER

ARBEITSZEIT: 25 MINUTEN, KOCHZEIT: 50 MINUTEN

ZUTATEN

- 380 g bunte Frühlings-Gemüsesorten (z. B. weiße Pastinake, Gelbe Rübe, orange Karotte, grüner Lauch)
- Gewürze ← wie Lorbeer, Pfefferkörner, Liebstöckel, Piment
- Muskatnuss
- Bergkernsalz

ZUBEREITUNG

1 Das Gemüse schälen bzw. putzen, in feine Scheiben schneiden und in verschiedene Formen ausstechen ← am besten mit kleinen Keksausstechern (Herz, Karo, Stern, Quadrat, Blume usw.).

2 Für die Suppe die Gemüseschalen und die Reste des ausgestochenen Gemüses in 2 Liter kaltes Wasser geben und zum Kochen bringen.

3 Lorbeer, Liebstöckel, Pfefferkörner, Piment, geriebene Muskatnuss und Bergkernsalz dazugeben und mindestens 40 Minuten köcheln lassen.

4 Die Gemüsesuppe abseihen und die ausgestochenen Gemüseformen kurz in der klaren Suppe kochen. Am besten im Lieblings-Suppen-Teller der Kinder anrichten und gemeinsam die unterschiedlichen Gemüseformen suchen.

WARUM IST GEMÜSESUPPE SO GESUND?

Gemüsesuppe versorgt den Körper mit Flüssigkeit – das ist gerade wichtig bei Kindern, die wenig trinken. Außerdem ist sie leicht bekömmlich und unterstützt den Körper sogar dabei, gegen Entzündungen anzugehen – damit ist sie gerade in der Übergangszeit, wenn Kinder oft verkühlt sind, eines unserer Lieblings-Gerichte.

ZERSTAMPFTE ERDÄPFEL MIT LEINÖL & WILDKRÄUTERN

ein einfaches Essen mit einer Extraportion Omega-3-Fettsäuren

2 ERWACHSENE & 2 KINDER

ARBEITSZEIT: 20 MINUTEN, KOCHZEIT: CA. 1 STUNDE

ZUTATEN

- 400 g mehlige Erdäpfel
- 50 ml Milch
- 80 g Butter
- Bio-Leinöl
- Wildkräuter & Blüten (z. B. Schafgarbe, Löwenzahn, Gänseblümchen, Gundelrebe, Klee)
- Bergkernsalz

von der Kuh oder der Ziege

ZUBEREITUNG

1. Die Erdäpfel gut waschen und ungeschält in ausreichend Wasser zugedeckt ca. 1 Stunde (je nach Größe auch kürzer) weichkochen.
2. Das Wasser abgießen und die Erdäpfel noch kurz bei geschlossenem Deckel ziehen lassen.
3. Erdäpfel schälen und noch warm in einen geräumigen Topf geben.
4. Milch und Butter dazugeben und alles gemeinsam am Herd erwärmen.
5. Die Erdäpfel mit einem Stampfer zerstampfen und mit Bergkernsalz würzen.
6. Erst am Teller mit Leinöl beträufeln und mit wilden Kräutern und Blüten aus dem Garten bestreuen.

WIE BLEIBEN DIE WERTVOLLEN FETTSÄUREN IM LEINÖL AM BESTEN ERHALTEN?

Leinöl enthält mehrfach ungesättigte Fettsäuren. Das macht es so gesund, aber auch sehr wärme- und lichtempfindlich. Darum sollte man Leinöl 1) nie erhitzen, sondern erst vor dem Essen auf warme, nicht heiße Gerichte träufeln, 2) kühl und lichtgeschützt lagern, da es ansonsten schnell ranzig wird, 3) in kleinen Flaschen kaufen, die man schnell verbraucht. Nach dem Öffnen hält es sich auch im Kühlschrank nur etwa 1 Monat.

PASTA PASTA

das Floh'sche Grundrezept für Nudelteig

2 ERWACHSENE & 2 KINDER — ARBEITSZEIT: 45 MINUTEN, RASTZEIT: MIND. 40 MINUTEN

ZUTATEN

- 500 g Bio-Weizenmehl Type 550
- 4 Eier
- 2 EL Rapsöl
- Bergkernsalz

für gefüllte Nudeln besser 250 g Mehl & 250 g Grieß

ZUBEREITUNG

1. Das Mehl mit etwas Salz vermischen, zu einem Haufen aufschütten und mit den Fingern eine Mulde schaufeln.
2. Eier und Öl in die Mulde geben und langsam mit zwei Fingern oder einer Gabel mit einer rührenden Bewegung ins Mehl einarbeiten.
3. Die Masse mit beiden Händen zu einem geschmeidigen Teig kneten und mindestens 40 Minuten rasten lassen.
4. Nach der Rastzeit den Teig in 3–4 Stücke teilen und gleichmäßig auf einer mit Mehl bestäubten Arbeitsfläche auswalken oder mit der Nudelmaschine für Bandnudeln messerrückendick ausrollen.
5. Den Teig in Streifen schneiden – für Tagliatelle etwas schmäler für Pappardelle etwas breiter.
6. Die Nudeln in reichlich kochendes Salzwasser geben und zwischendurch umrühren. Je nach Teigstärke brauchen frische Nudeln ca. 3–4 Minuten, bis sie fertig sind.
7. Die Nudeln zum Beispiel mit Paradeis und Zucchini servieren.

für Ravioli, Cannelloni und Lasagne ca. 2 mm dick

WIE VERMEIDE ICH, DASS DIE NUDELN ZUSAMMENKLEBEN?

Am besten diese drei Dinge beachten: 1) Die Nudeln in ausreichend viel und ausreichend gesalzenem Wasser kochen.
2) Zwischendurch immer wieder umrühren, damit sie locker vor sich hinschwimmen.
3) Vor dem Abgießen eine Tasse vom Nudelwasser abschöpfen. Das kann man später schluckweise wieder dazugeben, um die Nudeln voneinander zu lösen. Ein Schuss Nudelwasser in der Sauce verleiht ihr genau die richtige Konsistenz – so schmiegt sie sich später schön an die Nudeln.

schmeckt auch mit Paradeissauce oder Schnittlauchsauce sehr gut

SAIBLING MIT SABAYON IN DER PAPILLOTE

2 ERWACHSENE & 2 KINDER

ZUBEREITUNGSZEIT: 40 MINUTEN

ZUTATEN

- 340 g Saiblingsfilet
- 120 g Blattspinat (z. B. Malabar, Ceylon, Wasser oder Neuseeländer)
- eventuell frische Mini-Paradeiser
- 2 Eier
- 100 ml Fischfond (oder Gemüsefond)
- Weinviertler Bio-Safran
- Bergkernsalz
- Butterbrotpapier für die Papilloten (oder Backpapier)

oder eingelegte, siehe Rezept Seite 56

ZUBEREITUNG

Eine Anleitung gibt's unten auf der Seite.

1 Aus Butterbrotpapier kleine Papilloten oder Sackerl falten und oben öffnen. (Für Kinder nehme ich 1 – 2 Papilloten, für Erwachsene 2 – 3.) Je kleiner die Papilloten, desto schneller sind sie fertig.) Das Backrohr auf 165 °C vorheizen.

2 Die Saiblingsfilets von Haut und Gräten befreien und schräg in 1 cm dicke Scheiben schneiden. Den Blattspinat eventuell von größeren Stielen befreien und gut durchwaschen.

3 Die Saiblingsfilets mit wenig Bergkernsalz würzen und in die Papilloten schlichten. Blattspinat und eventuell Mini-Paradeiser hinzufügen und mit etwas Kräutersalz würzen.

4 Die Papilloten verschließen und im Backrohr bei 165 °C für 8 – 10 Minuten dämpfen.

5 In der Zwischenzeit für das Sabayon einen Topf mit etwas Wasser fürs Wasserbad aufstellen. In einem Schneekessel die aufgeschlagenen Eier mit Fischfond, Bio-Safran und Bergkernsalz verrühren und über dem Wasserbad mit einem Schneebesen schaumig schlagen. Immer wieder vom Wasserbad wegnehmen, damit das Ei durch die Hitze nicht stockt.

6 Die Papilloten aus dem Rohr nehmen, leicht öffnen und Fisch und Spinat mit 2 EL Sabayon nappieren (also mit Sauce bedecken).

WIE FALTE ICH EINE PAPILLOTE?

Für eine echte Papillote schneidet man ein gefaltetes Backpapier in eine halbe Herzform. (Ältere Kinder können da schon mithelfen.) Das aufgeklappte – jetzt ganze – Herz belegt man entlang des Buges, klappt das Papier wieder zusammen und verschließt den Rand durch mehrmaliges Umfalten. Es geht aber auch einfacher: zum Beispiel, indem man ein Sackerl faltet oder den Fisch wie ein Zuckerl einwickelt.

LAMMBUTTERSCHNITZEL MIT ERDÄPFELPÜREE

ein würzig-mild-saftiges Wohlfühlessen für die ganze Familie

2 ERWACHSENE & 2 KINDER

ZUBEREITUNGSZEIT: 60–90 MINUTEN

ZUTATEN

- 400 g Faschiertes vom Lamm (oder vom Kalb, Schwein, Rind oder Kitz)
- 1 getrocknete Semmel
- 40 ml Obers
- 1 Ei
- Rapsöl
- 360 g Erdäpfel mehlig (z. B. Agria)
- 70 ml Milch
- 150 g Butter (50 g fürs Püree, 60 g zum Braten, 40 g für Butterflocken)
- Muskatnuss
- Majoran
- Thymian
- Bergkernsalz
- Flohs Zaubergewürz

Meine Lieblings-Mischung aus Kräutern, Gewürzen und Salz gibt's im Floh-Markt.

ZUBEREITUNG

1 Für das Püree die Erdäpfel waschen und schälen, vierteln und in Wasser mit Bergkernsalz ca. 30 Minuten weichkochen. Das Backrohr auf 165 °C vorheizen.

2 Für die Laibchen die getrocknete Semmel würfeln und in Obers einweichen und zum Faschierten geben. Alternativ Brösel und Obers verwenden. (Faschiert man das Fleisch selbst, gibt man die eingeweichten Semmelwürfel gleich in den Fleischwolf dazu.)

3 Das Ei unterrühren, mit Thymian, Majoran, Flohs Zaubergewürz und Bergkernsalz würzen und alles zu einer homogenen Masse verkneten.

4 Laibchen formen und in einer Mischung aus Rapsöl und 60 g Butter anbraten.

5 Die Laibchen auf ein Blech legen, Butterflocken obenauf setzen und für ca. 8–10 Minuten bei 165 °C ins vorgeheizte Rohr schieben.

6 Während die Laibchen im Rohr sind, die Erdäpfel abgießen und durch eine Erdäpfelpresse drücken oder passieren.

7 Die Milch mit 50 g Butter in einem Topf erwärmen, die gepressten Erdäpfel dazugeben und mit einem Schneebesen glattrühren. Das Püree mit Bergkernsalz und geriebener Muskatnuss würzen und gemeinsam mit den Laibchen anrichten.

WIE MACHE ICH DIE LAIBCHEN BEI MEINEN KINDERN NOCH BELIEBTER?

Mit Bratensaft. Dafür einfach den Bratenrückstand in der Pfanne mit Lammfond oder Gemüsefond aufgießen, die gebratenen Laibchen kurz in der Sauce ziehen lassen, dann anrichten.

PALATSCHINKEN MIT ERDBEER-HOLUNDERBLÜTEN-MARMELADE

der Geschmack des Frühlings im flaumigen Teigmantel

2 ERWACHSENE & 2 KINDER

ARBEITSZEIT: 40 MINUTEN, RASTZEIT: 1 STUNDE

ZUTATEN

für die Palatschinken

- 240 ml Milch
- 2 Eier
- 40 g Mehl
- 35 g Butter
- Salz
- Sonnenblumenöl

Ich verwende am liebsten Einkornmehl.

für die Marmelade

- 300 g Erdbeeren
- 50 g Gelierzucker
- 1 TL Apfel-Pektin
- 10 g Holunderblüten (vom Stiel abgezupft)
- eventuell Fruchtschnaps

ZUBEREITUNG

1 Für die Marmelade die Erdbeeren waschen, vom Strunk befreien und zusammen mit Gelierzucker und Pektin in einem geräumigen Topf erhitzen. Große Früchte mit einem Pürierstab zerkleinern.

2 Die Holunderblüten hinzufügen, nochmals aufkochen und heiß in sterilisierte Gläser abfüllen. Die Deckel eventuell mit Fruchtschnaps desinfizieren und sofort auf die Gläser schrauben. Kaltstellen.

3 Während die Marmelade abkühlt, den Palatschinken-Teig anrühren: Milch und Ei mit einem Schneebesen verrühren. Die Butter in einer Pfanne leicht bräunen, in die Milch-Ei-Mischung einrühren und eine Prise Salz dazugeben. Mehl nach und nach untermengen und den fertigen Teig 30–60 Minuten rasten lassen.

So gelingen die Palatschinken viel besser.

4 Sonnenblumenöl in einer Palatschinken-Pfanne erhitzen und den Palatschinken-Teig mit einem Schöpfer vom Rand aus dünn eingießen – dabei die Pfanne schwenken. Eine Seite kurz anbräunen lassen, wenden und die zweite Seite Farbe nehmen lassen. Auf einen Teller stürzen und die restlichen Palatschinken ausbacken.

5 Die Palatschinken mit der Erdbeer-Holunderblüten-Marmelade füllen.

KANN ICH APFEL-PEKTIN AUCH SELBER MACHEN?

Ja, für ein halbes Kilogramm Apfel-Pektin 1,4 kg Apfelreste (Schalen, Kerngehäuse und Abschnitte) in 750 ml Wasser 20–30 Minuten schwach sieden (nicht kochen) lassen. Den Apfelbrei durch ein feines Sieb mit Tuch gießen und 8–10 Stunden abtropfen lassen. Die aufgefangene Flüssigkeit auf die Hälfte einkochen und heiß in saubere Gläser füllen. Für Marmelade von 300 g Beeren braucht man etwa 50 ml vom selbstgemachten Apfel-Pektin – die Gelierfähigkeit kann allerdings variieren.

für den Wanderrucksack oder die Kindergartentasche

DINKELSTANGERL

20–25 STANGERL

ARBEITSZEIT: 25 MINUTEN, GEHZEIT FÜR DEN TEIG: MIND. 1 STUNDE

ZUTATEN

- 140 ml warmes Wasser
- 250 g Bio-Dinkelmehl
- 1 TL Zucker
- 1 Germwürfel
- 3 EL Bio-Rapsöl
- Bergkernsalz

ZUBEREITUNG

1. Germ und Zucker in warmem (nicht heißem) Wasser auflösen und an einem warmen Ort gehen lassen, bis sich kleine Bläschen bilden.

   Das dauert üblicherweise ca. eine halbe Stunde.

2. Dinkelmehl und Öl hinzufügen und so lange verkneten, bis so viel Luft in den Teig eingearbeitet ist, dass er beginnt, Blasen zu werfen. (Das kann man dann auch hören.)
3. Die Schüssel mit einem sauberen Geschirrhangerl zudecken und darauf achten, dass der Teig keinen Zug bekommt. Noch einmal mindestens eine halbe Stunde, besser eine ganze gehen lassen.
4. Den Backofen auf 165 °C vorheizen.
5. Den Teig ein- oder mehrmals teilen. Aus jedem Teil eine lange Wurst formen, mit den Fingern kleine Stangerl davon abzwicken und, falls nötig, zurechtdrücken.
6. Die Stangerl bei 165 °C ca. 10–12 Minuten backen.

   Dazu passen die Aufstriche auf Seite 26.

WAS MACHE ICH, WENN DIE STANGERL NICHT MEHR GANZ FRISCH SCHMECKEN?

Wenn die Dinkelstangerl hart oder trocken werden, kann man sie gut aufbacken. Im Backofen bei 145 °C für ca. 4 Minuten. In einer gut verschlossenen Dose halten sie sich aber auch ohne Aufbacken einige Tage.

füers Brot oder zum Tunken für die Dinkelstangerl von Seite 24

BUNTE FRÜHLINGS-AUFSTRICHE

FÜR JE 1 KLEINE SCHÜSSEL

ARBEITSZEIT: 25 MINUTEN, KOCHZEIT: 40 MINUTEN

ZUTATEN

für den Erdäpfel-Rahm-Aufstrich:

- 100 g mehlige Erdäpfel
- 1 EL Topfen
- 1 EL Sauerrahm
- Kräutersalz

für den Kräutertopfen:

- 150 g Ziegentopfen (oder Schaftopfen)
- Kräutersalz
- gemahlener Kümmel
- frische Kräuter aus dem Garten

für den Wurzelgemüse-Aufstrich:

- 100 g Wurzelgemüse
- 50 g Butter
- Gemüsefond
- Bergkernsalz

ZUBEREITUNG

1 Für den Erdäpfel-Rahm-Aufstrich die Erdäpfel waschen und mit Schale weichkochen. Danach schälen und durch eine Erdäpfelpresse passieren. Topfen und Sauerrahm unterrühren, mit Kräutersalz würzen. Eventuell frische Kräuter dazugeben.

oder ungeschält, siehe Tipp auf Seite 72

2 Für den Kräutertopfen den Topfen glattrühren und mit Kräutersalz, einer Messerspitze Kümmel und verschiedenen frischen Kräutern würzen.

3 Für den Wurzelgemüse-Aufstrich das Gemüse schälen und würfelig schneiden. Die Schalen in etwas Wasser zu einem Fond auskochen. Die Gemüsewürfel in Butter glacieren, mit dem Gemüsefond aufgießen und weichkochen. Mit ganz wenig Flüssigkeit pürieren und mit Bergkernsalz würzen.

4 Die Aufstriche in kleine Schüsseln oder verschließbare Gläser abfüllen. Am Brot oder mit Dinkelstangerln und frischem Obst und Gemüse essen – am besten als Jause beim Wandern oder dem Familien-Ausflug.

KANN ICH STATT TOPFEN AUCH ETWAS ANDERES VERWENDEN?

Die Aufstriche sind ganz leicht zu variieren: Die Basis kann man je nach Geschmack und Verträglichkeit aus Topfen oder Frischkäse von Kuh-, Ziegen- oder Schafsmilch machen. Und auch bei den Kräutern kann man immer wieder etwas Neues ausprobieren – ich verwende gerne Rosmarin, Pimpinelle, Ysop und Gartenmelde.

SOMMER

Perfekt als leichtes Hauptgericht an heißen Sommertagen

AUBERGINE & PARADEIS MIT POLENTA

2 ERWACHSENE & 2 KINDER ZUBEREITUNGSZEIT: 20 MINUTEN

ZUTATEN

- 360 g Auberginen (am besten in verschiedenen Farben)
- 240 g Paradeiser
- 240 g Maisgrieß
- frisches Basilikum
- Sonnenblumenöl
- eventuell 140 g Schaffrischkäse
- Kräutersalz
- Bergkernsalz

ZUBEREITUNG

1 Das Gemüse gründlich waschen, die Auberginen in 0,5 cm dicke Scheiben und die Paradeiser in 1 cm dicke Scheiben schneiden. (bitte noch nicht salzen)

2 Für die Polenta den Maisgrieß unter ständigem Rühren in 350 ml kochendes Wasser einrieseln lassen, mit Bergkernsalz würzen und bei kleiner Hitze ca. 8–10 Minuten sämig kochen.

3 Die Gemüsescheiben in einer Pfanne in Sonnenblumenöl braten, kurz vor Ende der Garzeit Basilikum-Blätter dazugeben und mit Kräutersalz würzen.

4 Zusammen mit der gerührten Polenta und eventuell Schaffrischkäse servieren.

Frische Kräuter immer erst am Schluss dazugeben, damit sie ihr gutes Aroma behalten.

WIE WANDLE ICH DIESES REZEPT FÜRS GRILLEN AB?

Das geht ganz einfach. Anstatt in der Pfanne, brät man das Gemüse einfach am Griller und mariniert es danach mit Salz, Basilikum und ein paar Tropfen Öl auf einer Anrichteplatte. Wir essen dazu am liebsten Folien-Erdäpfel und Kräuterrahm oder ein gutes Stück vom Dry Aged Rind.

salzig, sauer und süß auf einmal

SCHAFKÄSE, GURKE & MARILLE

2 ERWACHSENE & 2 KINDER ZUBEREITUNGSZEIT: 30 MINUTEN

ZUTATEN

- 240 g Schaffrischkäse
- 2 Gurken
- 8 Marillen
- Gurkenessig (oder Weinessig)
- gereifter Balsamessig
- Distelöl

Ich verwende Balsamessig aus Österreich.

ZUBEREITUNG

1 Die Gurken waschen. Eine der Gurken ungeschält in Stifte schneiden.

2 Die zweite Gurke schälen, in kleine Würfel schneiden und mit etwas Kräutersalz, Gurkenessig und Distelöl marinieren.

3 Für den Salat 4 Marillen halbieren, entkernen und mit Schaffrischkäse füllen. Mit einem Parisienne-Ausstecher kann man schöne Kugeln formen, ansonsten einfach mit einem kleinen Löffel Häufchen auf die Marillen machen.

4 Die restlichen Marillen in Spalten schneiden und kurz in einer beschichteten Pfanne glacieren und mit gereiftem Balsamessig und Distelöl marinieren.

Glacieren ohne Fett und Zucker gelingt nur mit Beschichtung.

5 Die marinierten Gurken und die Gurken-Stifte zusammen mit den gefüllten und glacierten Marillen anrichten und eventuell noch extra Schaffrischkäse dazugeben.

WIE VERWERTE ICH DIE GURKENSCHALEN?

Ich versuche, in der Küche immer möglichst wenig wegzuschmeißen. Gurkenschalen schneide ich klein und mische sie mit 2 EL Sauerrahm, etwas Gurkenessig und Rapsöl zu einer Gurkencreme. Besonders gut schmeckt sie mir zu kalten Vorspeisen mit Fisch und Frischkäse.

alles gut vorbereiten, damit alle drei Komponenten möglichst zeitgleich fertig werden

EIERSCHWAMMERL MIT POCHIERTEM EI & ERDÄPFELPUFFER

2 ERWACHSENE & 2 KINDER

ZUBEREITUNGSZEIT: CA. 1 STUNDE

ZUTATEN

- 200 g mehlige Erdäpfel
- 80 g Eierschwammerl
- 5 Eier
- 2 Schalotten
- 50 ml Hausessig
- Bohnenkraut
- Thymian
- Bergkernsalz

Man kann auch Apfel- oder Weißweinessig nehmen.

WAS MACHE ICH, WENN ICH KEINE MEHLIGEN ERDÄPFEL ZU HAUSE HABE?

Speckige nehmen und einfach ein bisschen Erdäpfelstärke zur Masse dazugeben. Das funktioniert und schmeckt genauso gut. Wenn man einmal weniger Zeit hat, kann man die Puffer übrigens auch aus rohen Erdäpfeln machen: schälen, reißen, eventuell mit einem Ei verrühren, würzen und in einer beschichteten Pfanne herausbacken.

ZUBEREITUNG

1. Für die Erdäpfelpuffer die Erdäpfel ungeschält in reichlich Wasser kochen. Anschließend schälen und auskühlen lassen.
2. Während die Erdäpfel auskühlen die Eierschwammerl putzen und je nach Größe halbieren oder vierteln. Die Schalotten kleinwürfelig schneiden. Für die pochierten Eier am besten gleich einen Topf mit ca. 1 ½ Liter Wasser aufstellen.
3. Die ausgekühlten Erdäpfel mit einer groben Reibe reißen, mit einem Ei, Thymian und Bergkernsalz vermischen und zu Puffern formen.
4. Die Schalotten in einem geräumigen Topf in Öl anschwitzen, die Eierschwammerl dazugeben und mitrösten. Mit Kräutersalz, frischem Bohnenkraut und Thymian würzen.
5. Die Schwammerl kurz anrösten und beiseitestellen. Die Erdäpfelpuffer in einer beschichteten Pfanne in Sonnenblumenöl auf beiden Seiten knusprig braten und gut abtropfen lassen.
6. Ins Kochwasser für die pochierten Eier etwas Salz und Essig dazugeben und mit einem Schneebesen so verrühren, dass ein Wirbel entsteht. 4 Eier zügig nacheinander in die Mitte dieses Wirbels schlagen und bei etwas zurückgedrehter Temperatur ca. 3–4 Minuten ziehen lassen, nicht kochen.
7. Die Eier mit einem Siebschöpfer aus dem Wasser heben, eventuell zum Abtropfen auf ein Tuch legen und mit etwas Kräutersalz würzen.
8. Die Erdäpfelpuffer, das pochierte Ei und die Eierschwammerl anrichten und mit frischen Kräutern bestreuen.

Man kann die Puffer auch vorbraten und später im Backrohr wieder erhitzen.

TOPFENTEIG-TASCHERL MIT ZIEGENFRISCHKÄSE & KRÄUTERN

am besten unterschiedliche Füllungen ausprobieren – zum Beispiel mit Eierschwammerln, Zucchini oder Paradeisern

2 ERWACHSENE & 2 KINDER

ARBEITSZEIT: 1 STUNDE, RASTZEIT: 30 MINUTEN

ZUTATEN

- 250 g Topfen
- 125 g Weizenmehl
- 120 g Ziegenfrischkäse
- 1 Ei
- 50 g Butter
- Butter zum Schwenken
- Bergkernsalz
- frische Gartenkräuter (wie Liebstöckel, Bohnenkraut, Salbei, Schnittlauch, Petersilie, Basilikum, Thymian, Melde)

WIE KANN ICH DIE TEIG-TASCHERL SOMMERLICHER MACHEN?

Zum Beispiel Minze in die Füllung geben und in der Pfanne ein paar kleine Kirsch-Paradeiser mit den Teig-Tascherln mitbraten. Dadurch wird das Gericht angenehm frisch und fruchtig.

ZUBEREITUNG

1. Für den Teig die zimmerwarme Butter mit dem Ei schaumig schlagen und mit etwas Bergkernsalz würzen. Anschließend Mehl und Topfen zusammen glattrühren und unter die Butter-Ei-Masse heben. Den Teig 30 Minuten rasten lassen.
2. In der Zwischenzeit die Fülle vorbereiten: Den Ziegenfrischkäse mit Kräutersalz und frischen Gartenkräutern würzen.
3. Den Teig auf einer bemehlten Fläche mit dem Nudelholz etwa 4 mm dick ausrollen. (Falls der Teig klebt, noch etwas Mehl einarbeiten.)
4. Mit einem runden Ausstecher (mit ca. 8 cm Durchmesser) Teig-Kreise ausstechen. Je einen Esslöffel Ziegenfrischkäse-Fülle daraufsetzen und zu einem Halbkreis zusammenschlagen. Den Rand mit einer Gabel gut andrücken. Entweder sofort kochen oder für später kaltstellen.

   notfalls mit einer Tasse oder einem Glas
5. Die gefüllten Topfenteig-Tascherl in einen Topf mit kochendem Salzwasser einlegen und 4–5 Minuten ziehen lassen (nicht kochen).
6. Die gekochten Tascherl vorsichtig aus dem Wasser heben, kurz abtropfen lassen und in einer Pfanne mit zerlassener Butter schwenken, bis sie leicht braun sind. Mit frischen Blattsalaten servieren.

Abendessen zum gemeinsam Stapeln

GEFÜLLTE ERDÄPFEL MIT ZUCCHINI-RAHM

2 ERWACHSENE & 2 KINDER | ARBEITSZEIT: 30 MINUTEN, KOCHZEIT: CA. 40 MINUTEN

kann man auch schon am Vortag kochen

ZUTATEN

- 600 g Heurige (Früherdäpfel)
- 250 g Zucchini
- 120 ml Sauerrahm
- 2 EL Sonnenblumenöl
- 1 EL Rapsöl
- frische Kräuter wie Bohnenkraut, Basilikum, Petersilie

ZUBEREITUNG

1. Die Heurigen-Erdäpfel gut waschen, eventuell mit einer Bürste abreiben und ungeschält in einem Topf Wasser bei geschlossenem Deckel gar, aber nicht zu weich kochen. Danach abgießen und auskühlen lassen.
2. In der Zwischenzeit Zucchini in ca. 1 x 1 cm große Würfel schneiden, in Rapsöl kurz anbraten und gleich in eine Schüssel umfüllen, damit sie knackig bleiben.
3. Den Sauerrahm glattrühren, zu den Zucchiniwürfeln geben, mit Kräutersalz würzen und frisches Bohnenkraut oder Basilikum und Petersilie dazugeben.
4. Die abgekühlten Erdäpfel mit der Schale quer in 1 ½ cm dicke Scheiben schneiden – dabei die unterste Scheibe leicht abkappen, damit der gefüllte Erdapfel später am Teller nicht umfällt.
5. Die Erdäpfelscheiben in Sonnenblumenöl knusprig braten, mit Kräutersalz würzen und direkt am Teller abwechselnd gebratene Erdäpfelscheiben und Zucchini-Rahm zu einem Turm schichten. (Den kann man danach auch super wieder umwerfen.)

WAS IST DAS BESONDERE AN HEURIGEN-ERDÄPFELN?

Sie schmecken mild und weniger erdig als ältere Erdäpfel. Und man braucht üblicherweise weniger Zeit, um sie zuzubereiten. Heurige haben besonders am Anfang der Saison noch einen sehr hohen Wassergehalt – deshalb muss man sie deutlich kürzer garen als Lager-Erdäpfel. Und weil frische Erdäpfel noch eine ganz zarte, essbare Schale haben, spart man sich auch das Schälen. Vielleicht haben Sie ja Lust, gemeinsam mit Ihren Kindern die Unterschiede zwischen frischen und gelagerten Erdäpfel zu entdecken.

RIBISEL-LIMONADE

aus selbstgemachter Ribisel-Essenz

FÜR 1 LITER RIBISEL-ESSENZ

ARBEITSZEIT: 30 MINUTEN, ZIEHZEIT: 4 TAGE

ZUTATEN

- 600 g Ribiseln (oder andere Beeren wie Johannisbeeren oder Himbeeren)
- 1200 ml Wasser
- 10 g Zitronensäure (oder 20 ml Hausessig)
- 400 g Zucker

klingt viel, die Essenz wird aber später stark verdünnt

ZUBEREITUNG

1 Die Ribiseln am besten am Stiel waschen und vorsichtig mit den Fingern abzupfen.

Da macht jetzt auch schon Josef Ignaz mit.

2 Das Wasser mit den Ribiseln und dem Zucker aufkochen. (Wer mag, kann auch frische Kräuter mitkochen, um der Limonade eine zusätzliche Geschmacksnote zu verleihen.)

3 Die Zitronensäure einrühren und an einem kühlen Ort oder im Kühlschrank 4 Tage lang ziehen lassen.

4 Nach 4 Tagen die Früchte abseihen, die Ribisel-Essenz in gründlich gereinigte Flaschen abfüllen und kühlstellen.

5 Je nach gewünschtem Süßegrad mit mehr oder weniger Leitungswasser oder Soda zu Limonade aufspritzen.

WIE BEKOMME ICH DIE RIBISELN GUT VOM STÄNGEL?

Wenn man es eilig hat, kann man die Ribiseln mit einer Gabel vom Stiel rebeln. Einfach den Stängel festhalten und wie mit einem Kamm die Beeren ablösen. Hat man mehr Zeit, bittet man die Kinder um Hilfe. Unseren jedenfalls macht das Abpflücken immer Spaß – dabei sollten sie aber vielleicht nicht gerade ihr bestes Leiberl tragen.

GEBURTSTAGSTORTE

Da helfen auch die großen Geschwister gern beim Backen mit.

26 CM, 10–12 STÜCK

ARBEITSZEIT: 30 MINUTEN, BACK- UND KÜHLZEIT: CA. 2 STUNDEN

ZUTATEN

- 100 g Dinkel-Vollkornmehl
- 5 Eier
- 50 g Staubzucker
- 50 g Kristallzucker
- 50 ml Sonnenblumenöl
- 50 ml Wasser
- 500 ml Milch
- 30 g Bio-Maisstärke
- 150 g Kristallzucker
- 2 Bio-Vanilleschoten
- frische Beeren & Früchte nach Geschmack

50 g für den Boden, 100 g für die Creme

ZUBEREITUNG

1 Für den Tortenboden 2 Eier trennen und das Eiweiß mit 50 g Kristallzucker aufschlagen.

2 In einer anderen Schüssel die 2 Dotter mit Staubzucker schaumig schlagen. Wasser und Sonnenblumenöl mit dem Schneebesen einrühren. Danach das Mehl einsieben und unterrühren.

3 Den Schnee mit der Teigkarte unter die Dotter-Zucker-Masse heben, in eine ausgebutterte, bemehlte Tortenform füllen und bei 175 °C (Ober-/Unterhitze) ca. 15–20 Minuten backen und gut auskühlen lassen.

4 Für die Pudding-Creme Maisstärke und 3 Dotter in 5 EL kalter Milch auflösen. Die übrige Milch mit 100 g Kristallzucker und Vanillemark (aus der Schote gekratzt) kurz aufkochen. Die Dotter-Stärke-Mischung zügig in die kochende Milch einrühren und ca. 1 Minute unter ständigem Rühren köcheln lassen.

5 Den Vanillepudding auf den gebackenen Tortenboden gießen und mindestens 1 ½ Stunden kaltstellen.

am besten aber über Nacht

6 Je nach Geschmack und Saison die Torte mit verschiedenen Beeren oder anderen Sommerfrüchten belegen.

WIE MACHE ICH AUS DIESER TORTE EINE SCHOKOTORTE?

Statt Vanillepudding nehme ich einfach Schokopudding. (Der geht so: In die 5 EL kalte Milch einfach 3 EL Stärke und 2 Dotter einrühren. Die übrige Milch mit 1–2 EL Kakao, ca. 80 g zerbröselter Bitterschokolade und Zucker zum Kochen bringen. Danach – wie beim Vanillepudding beschrieben – die Dotter-Stärke-Mischung in die kochende Milch einrühren.) Wer Schokolade besonders gern mag, kann die Torte zusätzlich noch mit Schokoglasur überziehen.

HEY
S
I

Unsere Kinder lieben den mild-süßen Geschmack von Kürbis.

KÜRBISSUPPE MIT BACKERBSEN

2 ERWACHSENE & 2 KINDER

ZUBEREITUNGSZEIT: 50 MINUTEN

ZUTATEN

- 300 g Kürbis (z. B. Moschata, Hokkaido, Langer von Neapel)
- 1 Zwiebel
- 300 ml Gemüsefond
- 80 ml Obers
- 60 g Butter
- Rapsöl
- Muskatnuss
- Liebstöckelsalz
- 75 g Mehl
- 1 Ei
- Salz
- 2 EL lauwarmes Wasser
- 200 g Butterschmalz (oder Sonnenblumenöl)

Die Temperatur ist erreicht, wenn sich am Stiel eines Holz-Löffels kleine Blasen bilden.

ZUBEREITUNG

1 Für die Backerbsen Mehl und Salz in einer Schüssel vermischen. Das Ei gut unterrühren. Tropfenweise Wasser dazugeben, bis ein dickflüssiger glatter Teig entsteht.

2 Für die Suppe den Kürbis entkernen, schälen und in Würfel schneiden.

3 Eine kleinwürfelig geschnittene Zwiebel in Rapsöl anschwitzen, Kürbiswürfel und Butter hinzufügen, mitrösten und mit Gemüsefond aufgießen. Etwa 15 Minuten weichkochen.

4 In der Zwischenzeit das Fett für die Backerbsen in einem Topf auf ca. 170 °C erhitzen und den Teig portionsweise durch einen Spätzlehobel oder eine Küchenreibe ins Fett streichen.

5 Die Backerbsen goldbraun ausbacken, mit einem Siebschöpfer herausheben und auf Küchenpapier abtropfen lassen.

6 Die Suppe vom Herd nehmen, flüssiges Obers dazugeben, mit frisch geriebener Muskatnuss und Liebstöckelsalz würzen und nochmals kurz aufkochen lassen.

7 Alles fein pürieren und anrichten. Die Backerbsen einfach auf den Tisch dazustellen.

WIE LANGE KANN ICH DIE BACKERBSEN AUFBEWAHREN?

Die Backerbsen halten sich in einer verschlossenen Blech-Keksdose drei bis vier Wochen. Ich mache immer gleich mehr davon auf Vorrat. Dann haben wir auch genug, um sie zwischendurch einfach so zu knabbern.

SUPPE

WALDSTAUDEKORN MIT ZIEGENKÄSE & MANGOLD

← Josef Ignaz' Lieblings-Essen im letzten Herbst

2 ERWACHSENE & 2 KINDER — ARBEITSZEIT: 20 MINUTEN, KOCHZEIT: 20 MINUTEN

ZUTATEN

- 40 g Waldstaudekorn-Reis
- 1 Schalotte
- 200 g Ziegenfrischkäse
- 100 g bunter Mangold
- 200 ml Gemüsefond
- Bergkernsalz
- Golden-Balsam-Essig (oder Apfelessig)
- Leindotteröl
- Rapsöl

ZUBEREITUNG

1. Die Schalotte schälen, kleinwürfelig schneiden und in Rapsöl anschwitzen.
2. Waldstaudekorn-Reis hinzufügen, mit Gemüsefond aufgießen, etwas salzen und ca. 20 Minuten auf kleiner Stufe weichkochen. Danach beiseitestellen und überkühlen lassen.
3. In der Zwischenzeit vom bunten Mangold die Stiele kleinwürfelig schneiden und mit Essig marinieren.
4. Die Blätter vom Mangold zupfen. Jungen, gebleichten Mangold kann man roh marinieren, etwas größere Mangoldblätter am besten kurz in Butter glacieren. Die Mangoldblätter mit Bergkernsalz, Essig und Leindotteröl marinieren.
5. Den überkühlten Waldstaudekorn-Reis mit Essig und Leindotteröl marinieren.
6. Mangoldstiele, -blätter und Waldstaudekorn-Reis gemeinsam mit dem Ziegenfrischkäse anrichten.

Bleichgemüse wächst ohne oder mit wenig Licht und schmeckt dadurch milder.

WOZU PASST WALDSTAUDEKORN-REIS SONST NOCH GUT?

Waldstaudekorn-Reis schmeckt besonders gut zu Wild-Gerichten oder zu Wurzelgemüse wie Roten Rüben oder Pastinake. Wer Waldstaudekorn-Reis übrig hat, kann daraus auch Laibchen formen (ähnlich wie die Emmerreis-Staberl im Rezept auf Seite 50).

ROTE RÜBEN MIT EMMERREIS-STABERLN & DIP

sorgen bei uns immer für gute Laune beim Mittagessen

2 ERWACHSENE & 2 KINDER — ARBEITSZEIT: 45 MINUTEN, KOCHZEIT: CA. 2 STUNDEN

ZUTATEN

- 350 g Rote Rüben
- 180 g Emmerreis
- 2 Schalotten
- 300 g Gemüsefond
- 3 EL Sauerrahm
- 1 Ei
- Bergkernsalz
  (oder Flohs Kräutersalz)
- Leindotteröl

unbedingt aus biologischem Anbau, ansonsten enthalten sie zu viel Nitrat für Kinder

ZUBEREITUNG

1 Die Roten Rüben waschen und ungeschält in ausreichend Wasser ca. 2 Stunden bei mittlerer Hitze kochen. Noch warm schälen. (Alternativ kann man die Roten Rüben auch schälen, würfeln und sous vide bzw. in einem Vakuum-Beutel mit Bergkernsalz und Kümmelöl 5 Stunden lang bei 80 °C Wassertemperatur garen.)

2 Die Schalotten kleinwürfelig schneiden, in einem geräumigen Topf in Rapsöl anschwitzen, Emmerreis hinzufügen und nach und nach schöpferweise mit Gemüsefond aufgießen.
Mit Bergkernsalz würzen und ca. 20 Minuten köcheln lassen.
Das Emmerreis-Risotto kühlstellen.

3 Etwa ein Fünftel des Risottos mit einem Pürierstab pürieren, wieder in das Risotto zurückgeben und zusammen mit einem Ei gut verrühren.

4 Kleine Stäbchen formen (z. B. mit zwei Löffeln) und auf drei Seiten in Rapsöl goldbraun braten.

5 Die gekochten Roten Rüben in Würfel schneiden, in Butter oder Rapsöl glacieren und mit Kräutersalz würzen.

6 Sauerrahm mit etwas Leindotteröl und Bergkernsalz verfeinern, eventuell noch ein paar herbstliche Wildkräuter daruntermischen und als Dip zu den Staberln servieren.

MUSS ICH DAS RISOTTO FÜR DIE STABERL FRISCH KOCHEN?

Nein. Die Staberl lassen sich sogar noch leichter formen, wenn man ein Risotto vom Vortag dafür verwendet.
Ich gebe gern noch ein paar frische Kräuter in die Staberl-Masse dazu.

BOHNENRAGOUT

vegan und so eiweißreich wie die gleiche Menge Fleisch

2 ERWACHSENE & 2 KINDER — EINWEICHZEIT: 24 STUNDEN, ZUBEREITUNGSZEIT: 35 MINUTEN

ZUTATEN

- 400 g verschiedene Bohnen (z. B. Yin-Yang-Bohne, Käferbohne, Wachtelbohne, Borlotto, Berner Landfrauen)
- 1 mehliger Erdapfel (z. B. Agria)
- eventuell frische Paradeiser
- Hausessig
- Lorbeer
- Thymian
- Bergkernsalz
- Rapsöl zum Anschwitzen
- 200 ml eingekochte Paradeiscreme

Mein Rezept dafür gibt's im 1. Band von „Der kleine Floh".

ZUBEREITUNG

1. Die Bohnen 24 Stunden in kaltem Wasser einweichen. (Das Wasser möglichst ein paar Mal wechseln).
2. Die Bohnen abseihen und in frischem Wasser mit Bergkernsalz, etwas Hausessig und Lorbeer kochen. Je nach Größe und Bohnen-Sorte dauert es unterschiedlich lang, bis sie gar sind. Am besten die größten zuerst, die kleineren nach und nach in den Topf geben.
3. Die weichgekochten Bohnen abseihen.
4. Zwiebel feinwürfelig schneiden und in Rapsöl in einem geräumigen Topf anschwitzen. Die Bohnen hinzufügen und mit Gemüsefond und Paradeiscreme aufgießen. Eventuell noch ein paar frische, gewürfelte Paradeiser mitkochen.
5. Den mehligen Erdapfel roh schälen und in kleine Würfel schneiden, zum Bohnenragout hinzufügen und nochmals ungefähr 15 Minuten mitkochen lassen.
6. Mit Thymian, Hausessig und Bergkernsalz würzen.

MUSS ICH DIE BOHNEN WIRKLICH SO LANGE EINWEICHEN?

Je länger man Bohnen einweicht, desto leichter verdaulich werden sie. Denn dabei wird ein guter Teil der unverdaulichen Kohlenhydrate (wie Stachyose und Raffinose) aus den Bohnen ins Einweichwasser geschwemmt. Darum sollte man das Wasser auch öfter wechseln. Für Kinder weiche ich die Bohnen immer mindestens einen Tag lang ein. Noch besser sind 48 Stunden – sofern man so weit vorausplanen kann.

PERLHENDL MIT BIRNE

Lässt sich einfach vorbereiten und hält ein paar Tage im Kühlschrank

2 ERWACHSENE & 2 KINDER

ARBEITSZEIT: 35 MINUTEN, SCHMORZEIT: CA. 1 STUNDE

ZUTATEN

- 3 Perlhendl-Haxerl
- Bergkernsalz
- Thymian
- Sonnenblumenöl
- 4 Schalotten
- 200 ml Geflügelfond (oder Geflügelsuppe)
- 3 Birnen
- 50 g Butter
- 50 ml Weißwein

oder einfach entsprechend mehr Fond

ZUBEREITUNG

1 Die Perlhendl-Haxerl halbieren, mit Bergkernsalz und Thymian würzen und in einem Topf in Sonnenblumenöl auf allen Seiten langsam anbraten.

2 Schalotten schälen, in Keile schneiden und mitrösten. Wer mag, kann dann mit Weißwein ablöschen – der Alkohol verdampft bei 70 °C vollständig.

3 Mit Geflügelfond oder -suppe aufgießen und ca. 50–60 Minuten weichschmoren.

Wenn das Fleisch sich leicht vom Knochen löst, ist es fertig.

4 Die Birnen halbieren, entkernen, in Keile schneiden und in einer Pfanne mit Butter glacieren. Dazu passen Grießknödel (Rezept siehe Seite 66) oder selbstgemachte Nockerl.

WAS MACHE ICH MIT DEN ANDEREN TEILEN VOM PERLHENDL?

Die Flügerl kann man mit den Haxerln mitschmoren. In diesem Fall einfach etwas mehr Fond und Gewürze in den Topf dazugeben. Die Brust lässt sich luftverschlossen gut einfrieren. Daraus kann man später zum Beispiel ein Perlhendl-Emmerreis-Risotto machen oder die gebratene Brust in Tranchen mit verfügbaren bunten Blattsalaten anrichten.

EINGELEGTE PARADEISER

So einfach kann man den Geschmack einer Saison in andere Jahreszeiten mitnehmen.

2 GLÄSER (JE 500 ML) ARBEITSZEIT: 30 MINUTEN, EINKOCHZEIT: 25 MINUTEN

ZUTATEN

- 350 g Mini-Paradeiser
- 500 ml Wasser
- 90 ml Hausessig, edelherb
- 30 g Zucker zum Konservieren
- 1 g Pektin
- Gewürze wie Pfefferkörner, Senfkörner, Korianderkörner
- 100 ml Weißwein

Der Alkohol verkocht im Sud.

ZUBEREITUNG

1 Die Paradeiser waschen, vom Strunk befreien und in sorgfältig gereinigte, sterilisierte Einmachgläser schlichten.

Vorgewärmt brechen die Gläser weniger leicht.

2 Das Wasser zusammen mit dem Weißwein, Essig und Zucker aufkochen und Pektin und Gewürze hinzufügen.

3 Noch heiß über die Paradeiser gießen. Das Gemüse soll ganz bedeckt sein. Die Gläser sofort verschließen.

4 Die verschlossenen Gläser 25 Minuten in einem geschlossenen Topf mit ein wenig köchelndem Wasser oder im Dampfgarer pasteurisieren. Kühl und dunkel gelagert – am besten in der Speis – halten sich die eingelegten Paradeiser bis zu einem Jahr.

Wenn man unsicher ist, einfach auf Augen, Nase und Gaumen verlassen.

WAS BRINGT HALTBARMACHEN HEUTE EIGENTLICH NOCH?

Wenn im Sommer oder im Herbst mehr Lebensmittel verfügbar sind, als man verbrauchen kann, ist es nur logisch, sie für später zu konservieren. So kann man auch im Winter Paradeiser, Gurken, Kraut und Zwetschken aus dem eigenen Garten essen – zum Beispiel durch Einlegen, Fermentieren und Einkochen. Und weil dabei nichts verdirbt, ist Konservieren noch dazu sehr nachhaltig.

ÖSTERREICHISCHER BIENENHONIG

schmeckt auch mit heimischen Zutaten wie im Italien-Urlaub

TORTA DI MELE

26 CM, 10–12 STÜCK

ARBEITSZEIT: 25 MINUTEN, BACKZEIT: 30 MINUTEN

ZUTATEN

- 5 Äpfel
- 2 Eier
- 100 ml Milch
- 100 g Butter
- 100 g Zucker
- 1 Prise Vanillezucker
- 100 g Mehl
- 5 g Backpulver

oder Bio-Weinstein-Backpulver

ZUBEREITUNG

1 Die Äpfel schälen, vierteln, entkernen und in Scheiben schneiden.

2 Die Butter schmelzen und den Backofen auf 165 °C vorheizen.

3 Die Butter mit den restlichen Zutaten in einer Schüssel zu einer geschmeidigen Masse verrühren.

4 Dann die geschnittenen Äpfel in den Teig einrühren.

5 Eine flache Tarteform mit Backpapier auslegen, die Apfel-Teig-Masse eingießen und ca. 30 Minuten backen, bis der Kuchen obenauf eine leichte Karamellkruste bekommt.

6 Am besten noch lauwarm servieren. Dazu passt Vanilleeis.

Für Erwachsene gebe ich manchmal noch gehackten Rosmarin dazu.

KANN MAN DIESEN APFELKUCHEN VORBACKEN?

Der Kuchen hält sich einige Tage gut im Kühlschrank. Darum kann man ihn gut vorbereiten – zum Beispiel für Kindergarten-Feste oder wenn Gäste kommen. Wichtig ist, dass man ihn gut abdeckt, damit er die Gerüche aus dem Kühlschrank nicht annimmt.

WINTER

GEFLÜGEL-EINMACHSUPPE MIT BRÖSELKNÖDELN

← gibt Kraft, macht satt und zufrieden

2 ERWACHSENE & 2 KINDER — ARBEITSZEIT: 45 MINUTEN, KOCHZEIT: CA. 5 STUNDEN

ZUTATEN

für die Suppe

- 1,4 kg Geflügel von Huhn, Ente oder Gans (Karkasse, Flügerl, Magerl, Hals, Herz, Haxerl)
- 250 g Wurzelgemüse
- 1 Zwiebel
- 50 ml Obers
- Muskatnuss
- Bergkernsalz
- evtl. etwas Maisstärke
- Gewürze ← wie Lorbeer, Liebstöckel, Pfefferkörner, Wacholderbeeren, Koriander- und Senfkörner, Piment

für die Knödel

- 1 harte Semmel
- 100 ml Milch
- 80 g Butter
- 1 Ei
- 60 g Weißbrot-Brösel
- Muskatnuss
- Bergkernsalz

ZUBEREITUNG

1 Alle Geflügelteile in einen Topf mit 5 Liter kaltem Wasser legen und zum Kochen bringen. Die Trübstoffe abschöpfen und die Temperatur reduzieren.

2 Nach ca. 1 ½ Stunden das gewaschene Wurzelgemüse, die Gewürzkörner und das Lorbeerblatt dazugeben. Weitere 45 Minuten auf kleiner Hitze köcheln lassen.

3 Für die Bröselknödel inzwischen die harte Semmel würfeln, in Milch einweichen und durch eine Erdäpfelpresse drücken.

4 Butter und Ei schaumig schlagen und zur Semmelmasse geben.

5 Mit Muskatnuss und Bergkernsalz abschmecken, nach und nach Brösel unterrühren, bis eine kompakte Masse entsteht. Gut durchkühlen. Danach Knödel formen und ca. 8 Minuten in kochendem Salzwasser ziehen lassen.

6 Zurück zur Suppe: Gemüse und Geflügelteile aus der Suppe heben. Das Fleisch von den Knochen lösen, Gemüse würfelig schneiden und kaltstellen.

7 Knochen, Haut und Karkassen wieder in den Topf geben. Weitere 2 ½ Stunden ohne Deckel ziehen lassen.

8 Die Zwiebel würfeln. Etwas Fett vom Geflügelfond in einen zweiten geräumigen Topf geben und die Zwiebelwürfel darin anschwitzen.

9 Gemüsewürfel zum Zwiebel geben, mit Geflügelfond aufgießen, Geflügelklein und Obers dazugeben. Alles gemeinsam aufkochen, mit Muskatnuss und Bergkernsalz würzen und eventuell mit Maisstärke binden. Mit den Bröselknödeln anrichten.

TOPINAMBURRAGOUT MIT FORELLE

Topinambur unterstützt die Bifidusbakterien im Bauch von Kind und Eltern.

2 ERWACHSENE & 2 KINDER   ARBEITSZEIT: 45 MINUTEN, KOCHZEIT: 1 STUNDE

ZUTATEN

Ich koch' ihn meistens aus Gemüseschalen.

- 500 g Topinambur
- 200 ml Gemüsefond
- 350 g Forellenfilet
- Sonnenblumenöl
- Rapsöl
- Bergkernsalz
- Flohs Kräutersalz

ZUBEREITUNG

am besten mit einer kleinen Bürste

1 Die Topinambur gründlich waschen und ungeschält verarbeiten.

2 Für das Ragout ungefähr 2/3 (300 g) der Topinambur in gleichmäßige große Würfel schneiden – ca. 1 x 1 cm.

3 Die Würfel in einer Sonnenblumen-Rapsöl-Mischung in einem geräumigen Topf anschwitzen, mit Gemüsefond aufgießen und weichkochen.

4 Den Rest der Topinambur für die Chips in hauchdünne Scheiben schneiden oder hobeln.

5 Die Scheiben in 175 °C heißem Sonnenblumenöl schwimmend goldbraun herausbacken. Dabei mit einer Gabel immer wieder voneinander trennen, damit sie schön knusprig werden. Kurz abtropfen lassen und mit Bergkernsalz würzen.

6 Die Forellenfilets von sämtlichen Gräten befreien, mit Kräutersalz würzen und in einer beschichteten Pfanne in Rapsöl auf mittlerer Hitze ca. 4–5 Minuten auf der Hautseite knusprig braten. Vor dem Servieren kurz umdrehen – nur etwa 10 Sekunden – und sofort aus der Pfanne nehmen. Mit dem Topinamburragout und den Chips anrichten.

WIE BEKOMME ICH MEHR FARBE IN DIESES GERICHT?

Zum Beispiel durch wintergrüne Kräuter wie Vogelmiere. Sie enthält besonders viel Vitamin C und schmeckt angenehm mild. Für einen Salat mische ich die Vogelmiere am liebsten mit Grün im Schnee – der hat einen scharf-senfigen Geschmack und macht den Salat schön würzig.

kalorien- und cholesterinarm, dafür mit einer guten Portion Omega 3

DINKELGRIESSKNÖDEL MIT KANINCHEN

2 ERWACHSENE & 2 KINDER

ZUBEREITUNGSZEIT: 45 MINUTEN

ZUTATEN

- 200 g Kaninchenrücken
  am besten vom Bio-Kaninchen
- 240 g gemischte Gemüse-Raritäten (z. B. Pastinaken, violette Karotten, Yacon-Wurzel, violette Erdäpfel, Topinambur)
- 150 ml Milch
- 140 ml Gemüsefond
- 170 g Butter
- 50 g Dinkelgrieß
- 60 g Brösel
- 1 Ei
- 1 Schalotte
- 30 ml Rapsöl
- 1 Zweig Thymian
- Flohs Zaubergewürz
- Muskat
- Salz

ZUBEREITUNG

1 Für die Grießknödel Milch aufkochen, 40 g Butter hinzufügen, mit Salz und Muskat würzen und den Dinkelgrieß langsam bei wenig Hitze einrieseln lassen. Ein paar Minuten köcheln lassen, vom Kochfeld nehmen und ca. 5 Minuten abkühlen lassen.

2 Das ganze Ei einrühren und etwa 15 Minuten rasten lassen. Einen Topf mit Salzwasser für die Grießknödel aufstellen.

3 Inzwischen das Gemüse schälen und in gleichmäßige Stifte oder Würfel schneiden. Die Schalotte in Keile schneiden und in Rapsöl und 50 g Butter anschwitzen. Das Gemüse hinzugeben und einige Minuten mitrösten. Nach Belieben mit Verjus (oder Essig) ablöschen.

4 Gemüsefond hinzufügen und das Gemüse weichschmoren. Am Ende einen kleinen Teil des Gemüses mit ein wenig Flüssigkeit pürieren und zurück in den Topf geben. Mit Bergkernsalz würzen.

So entsteht eine schöne Bindung.

5 Aus der Dinkelgrießmasse 10 kleine Knödel formen. In siedendem Salzwasser für 10 Minuten ziehen lassen.

6 Den Kaninchenrücken von sämtlichen Sehnen befreien und mit Salz und Zaubergewürz würzen. In einer Pfanne in Rapsöl gemeinsam mit einem Zweig Thymian auf beiden Seiten braten, kurz rasten lassen.

7 In einer Pfanne mit 80 g Butter Butter-Brösel machen und die Knödel darin schwenken. Den Kaninchenrücken in Scheiben schneiden und zusammen mit dem geschmorten Gemüse anrichten.

WIE WIRD FLEISCH BESONDERS ZART?

Wie zart das Fleisch gelingt, kann man selbst beeinflussen: 1) Rechtzeitig vor dem Braten aus dem Kühlschrank nehmen, damit es nicht ganz kalt ins heiße Fett kommt. 2) Nicht übergaren. 3) Nach dem Garen rasten lassen, damit sich der Fleischsaft wieder im gesamten Stück verteilen kann.

KAROTTENVIELFALT

← Sie werden überrascht sein, wie unterschiedlich Karotten schmecken können.

2 ERWACHSENE & 2 KINDER ZUBEREITUNGSZEIT: 50 MINUTEN

ZUTATEN

- 450 g verschiedene Karotten (z. B. Ochsenherz-Karotten, orange, gelbe, weiße und violette Karotten wie Deep Purple oder Purple Haze)
- Leindotteröl
- Bergkernsalz
- Muskatnuss
- Distelöl
- Thymian
- Rosmarin
- frische Kräuter

↑ was gerade da ist

ZUBEREITUNG

1 Eine Karottensorte (nicht die violetten) schälen und die Schalen zu Gemüsefond auskochen. Die Karotten in kleine Würfel schneiden und in Rapsöl anschwitzen, mit Gemüsefond aufgießen und weichkochen. Einen kleinen Teil des Karottengemüses pürieren und wieder zum Ragout zurückgeben. Mit Bergkernsalz und geriebener Muskatnuss würzen.

2 Eine andere Sorte – zum Beispiel die violetten – gut waschen, aber nicht schälen. Zusammen mit reichlich Distelöl und Thymian in einer ofenfesten Pfanne im Backrohr bei 160 °C ca. 35 Minuten schmoren.

So behalten sie ihre schöne Farbe. →

3 Die dritte Karottensorte (z. B. Ochsenherz) in Keile schneiden, im Gemüsefond blanchieren und in einer Pfanne in Leindotteröl schwenken. Mit frischen Kräutern oder getrocknetem Rosmarin würzen.

4 Eine weitere Karottensorte (z. B. die weiße) längsseitig in ganz dünne Scheiben schneiden, kurz in Rapsöl anschwitzen und mit Kräutersalz würzen. Alles gemeinsam anrichten und eventuell mit frischen Kräutern bestreuen.

WAS PASST AM BESTEN ZUM KAROTTENGEMÜSE DAZU?

In meiner Familie essen wir die bunten Karotten gerne mit Emmerreis oder Dinkelgrießknödeln (Rezept siehe Seite 66). Sehr gut schmecken sie auch als Beilage zu geschmortem Rind.

das Lieblings-Fleisch von Josef Ignaz' großer Schwester

TUROPOLJE-RÜCKEN

2 ERWACHSENE & 2 KINDER

ARBEITSZEIT: 10 MINUTEN, GARZEIT: 40 MINUTEN

ZUTATEN

- 600 g Turopolje-Rücken
- Flohs Kräutersalz
- ganzer Kümmel
- Flohs Zaubergewürz

am besten aus meiner Gastwirtschaft einen Vorrat mitnehmen

ZUBEREITUNG

1 Den Turopolje-Rücken auf der oberen Fettseite schachbrettartig einschneiden.

2 Mit Kräutersalz, ganzem Kümmel und Flohs Zaubergewürz würzen und in eine backrohrgeeignete Pfanne geben.

3 Zuerst bei 195 °C 10 Minuten, dann bei 160 °C weitere 20–30 Minuten im Rohr braten und rasten lassen.

4 Den Bratenrückstand eventuell mit Gemüsefond aufgießen und einen Saft zubereiten.

Dazu passen Emmerreis (siehe „Der kleine Floh – Rezepte von 0 bis 1“, Seite 50), Erdäpfelknödel oder -püree.

WAS IST SO BESONDERS AM TUROPOLJE-SCHWEIN?

Das Turopolje-Schwein bildet besonders viel intramuskuläres Fett – dadurch sind alle Teile des Fleischs und vor allem das Fett äußerst geschmackvoll. Aus der Schulter mache ich am liebsten Steirisches Wurzelfleisch (im Essigsud mit Gewürzen und Wurzelgemüse gekocht). Stelze und Nuss vom Schlögel sind ideal für Schmorschwein (Fleisch auf allen Seiten anbraten und gemeinsam mit Zwiebeln, Gemüsewürfeln und reichlich Gemüsefond schmoren).

würde Josef Ignaz am liebsten schon zum Frühstück essen

MOHNNUDELN

2 ERWACHSENE & 2 KINDER

ARBEITSZEIT: 30 MINUTEN, KOCHZEIT: CA. 1 STUNDE

ZUTATEN

- 320 g große mehlige Erdäpfel
- 30 g Erdäpfelstärke
- 1 Ei
- Bergkernsalz
- 140 g Butter
- 80 g Waldviertler Graumohn
- Staubzucker

enthält besonders wenig Opiate

ZUBEREITUNG

1 Die Erdäpfel waschen und ungeschält in einem Topf mit Salzwasser zugedeckt ca. 50–60 Minuten weichkochen.

2 Die geschälten Erdäpfel noch heiß durch eine Erdäpfelpresse drücken.

3 Erdäpfelstärke, 60 g zerlassene Butter, Ei und Bergkernsalz dazugeben und alles zu einem sämigen Teig verkneten. Wenn nötig noch etwas Erdäpfelstärke hinzufügen.

bis sich der Teig leicht von den Händen löst

4 Nudelwasser in einem großen Topf aufstellen.

5 In der Zwischenzeit eine Wurst aus dem Teig formen, kleine Stücke abschneiden und mit der flachen Hand am Nudelbrett (oder der Arbeitsfläche) Nudeln wuzzeln. (Am besten durch eine schnelle Vorwärtsbewegung).

6 Die Nudeln in reichlich siedendem Salzwasser 6–8 Minuten gar ziehen lassen, aus dem Wasser heben und abtropfen lassen.

7 Die restliche Butter gemeinsam mit dem Graumohn in einer Pfanne zergehen lassen und die Erdäpfelnudeln darin schwenken. Zuletzt mit Staubzucker bestreuen. Dazu passt Zwetschkenröster oder selbsteingelegtes Fruchtkompott.

MUSS ICH DIE ERDÄPFEL VOR DEM PRESSEN SCHÄLEN?

Nicht unbedingt. Man kann die Erdäpfel auch mit Schale heiß in die Presse legen. Die Schale bleibt dann in der Presse hängen. So muss man sie nur nach jedem Pressvorgang aus der Presse putzen – z. B. mit einem Löffel – und verbrennt sich beim Schälen nicht die Finger.

EINKORN-COOKIES MIT ELSBEEREN

schmecken nach einer Mischung aus Mandeln und Marzipan, kommen aber direkt vom Baum

15 STÜCK   ARBEITSZEIT: 20 MINUTEN, BACKZEIT: CA. 10 MINUTEN

ZUTATEN

- 200 g weiche Butter
- 100 g Staubzucker
- 250 g Einkornmehl
- 1 Ei
- 1 TL Bio-Weinstein-Backpulver
- Salz
- Vanille
- 60 g getrocknete Elsbeeren

oder ein anderes Mehl (z. B. Dinkel)

ZUBEREITUNG

1. Den Ofen auf 180 °C vorheizen.
2. Die Butter mit Staubzucker in einer Schüssel schaumig schlagen.
3. Das Ei in die Schüssel dazugeben und kurz weiterschlagen.
4. Eine Prise Salz und etwas Vanille dazugeben.
5. Das Mehl mit Backpulver versieben und gemeinsam mit den grob gehackten Elsbeeren unter den Abtrieb (also das Butter-Zucker-Ei-Gemisch) heben.
6. Mit einem Teelöffel auf einer Backmatte oder Backpapier kleine Häufchen formen und bei 180 °C ca. 10–12 Minuten backen.

Ich nehm' den Schneebesen, aber es geht auch mit dem Mixer.

WAS MACHE ICH, WENN ICH KEINE ELSBEEREN BEKOMME?

Ganz einfach etwas anderes verwenden. Die Cookies lassen sich gut variieren: Statt der Elsbeeren nehme ich manchmal auch 150 g gehackte Nüsse, 120 g Schoko-Nibs oder 110 g Haferflocken. Am besten einfach ausprobieren.

ZUTATENREGISTER

ZUTATENREGISTER

Das ist die letzte Seite von „Der kleine Floh 2". Ich würde mich freuen, wenn Sie mir schreiben, wie Ihnen das Buch gefallen hat. Und falls Sie Fragen zum Buch oder den Rezepten haben, schreiben Sie mir oder rufen Sie mich in der Gastwirtschaft an. (Wir haben von Donnerstag bis Montag geöffnet.) Ich helfe gerne.

floh@derfloh.at, + 43 (0) 2272/628 09